AF229305

LE

SUFFRAGE UNIVERSEL

ÉTABLI PAR LES CONSTITUANTS DE 1848

EST

1° Un mensonge : *il n'est pas universel;*

2° Un permanent attentat au principe fondamental des sociétés,
la *famille*, dont il détruit l'unité;

PAR

Ferdinand JACOB

AVOCAT ET PUBLICISTE

Directeur des *Échos de Cannes*

ANTIBES

J. MARCHAND, IMPRIMEUR-LIBRAIRE

—

1874

A MESSIEURS LES DÉPUTÉS

A MES CONFRÈRES DE LA PRESSE FRANÇAISE

Nous traversons, nul ne le conteste, une époque essentiellement difficile.

Tout est à reconstituer ; aussi tout est remis en question. Le principe de la souveraineté nationale est battu en brèche par le principe opposé de la souveraineté de droit divin ; nous cherchons à déterminer la nature, la forme et les conditions vitales d'un gouvernement définitif ; tous les partis manifestent, à cet égard, leurs tendances, leurs préférences.

Les partisans de l'appel au peuple s'efforcent de passionner à nouveau les masses inintelligentes pour reconquérir le terrain perdu et reconstituer l'Empire.

Les républicains, dont les principes en matière de suffrage sont, au fond, identiques avec ceux du césarisme [1], se défient d'un appel à la nation et pous-

(1) Dans son discours d'Auxerre, M. Gambetta a vivement attaqué la doctrine plébiscitaire. « L'appel au peuple n'est qu'un mensonge. » Il est bon de rapprocher ce langage de celui que l'ex-dictateur a tenu autrefois. Voici en quels termes M. Gambetta s'exprimait le 5 avril 1870, devant le Corps législatif :

« Ce que je voudrais proposer, puisque la question de plébiscite ouvre le droit, ce serait de choisir entre le parlementarisme anglais

sent à la dissolution de l'Assemblée, dans l'espoir de voir arriver à la nouvelle Chambre des députés de leur opinion en nombre suffisant pour dominer la situation.

Les légitimistes et les orléanistes, qui redoutent, à juste titre, et la pratique de l'appel au peuple et la dissolution de la Chambre, veulent, avant tout, temporiser, dans l'espoir qu'une réforme de la loi électorale leur permettra de compter sur des élections plus conformes à leurs vœux.

Or, au milieu de ces compétitions mutuelles et perpétuelles, le pays souffre, les affaires ne vont pas, le commerce et l'industrie languissent, les capitaux se cachent, les impôts s'élèvent chaque année, le peuple manque de travail et la misère, une affreuse misère, menace de s'étendre sur toute la France comme une lèpre honteuse, en attendant que de plus graves complications nous conduisent, peut-être fatalement, à une nouvelle guerre civile.

D'où proviennent ces divisions intestines ?

D'où proviennent ces compétitions multiples ?

et le parlementarisme américain ou suisse. (Il n'osait dire république.) Si vous voulez toute mon opinion, nous ne sommes pas compétents pour nous prononcer; LE PEUPLE SEUL EST COMPÉTENT, et j'ai sur le plébiscite un langage analogue à celui de M. le baron Jérôme David. Je crois que le plébiscite est une sanction désormais nécessaire dans les sociétés qui reposent sur le droit démocratique, pour donner au pouvoir, qu'il soit issu d'une acceptation, d'une adhésion solennelle, la sanction que les anciennes monarchies trouvaient dans le droit divin.

« Je dis que la philosophie politique exige que l'on considère le peuple comme la source EXCLUSIVE, INÉPUISABLE, SANS CESSE RENOUVELÉE du pouvoir et du droit. »

Ainsi, M. Gambetta défendait en 1870 la doctrine plébiscitaire. Pourquoi l'attaque-t-il aujourd'hui ? Parce qu'un plébiscite serait défavorable à son parti.

D'où proviennent ces inquiétudes, ces effarements, ces misères, ces haines ?

Uniquement de ce fait :

Les constituants de 1848 ont cru nous donner le suffrage universel, et ils ne nous ont donné qu'un suffrage restreint.

Les constituants de 1848 ont cru faire une application pratique des principes formulés par nos pères de 1789, et ils ont fait une application maladroite et destructive de ces mêmes principes.

Les constituants de 1848 ont cru nous donner un suffrage moral, conservateur des principes d'ordre, de famille, de religion, de propriété, de travail, de liberté enfin, et ils ne nous ont donné qu'un suffrage anti-national, immoral, destructeur de la famille, destructeur de la religion, destructeur de la propriété, et, qui plus est, destructeur des arts, des sciences, des lettres !...

I

Je dis, en premier lieu, que les constituants de 1848 ont cru nous donner le suffrage universel et qu'ils ne nous ont donné qu'un suffrage restreint.

Prouvons cette première affirmation.

Si je me reporte à ce que j'appellerai le testament politique qui nous a été légué par nos pères en 1789 et qu'on appelle la *déclaration des droits de l'homme,* je vois formulé ce principe d'éternelle justice :

« *La souveraineté réside* DANS LA NATION. »

Qu'est-ce donc que la nation ?

Les constituants de 1848 se sont-ils posé cette question ?

Non.

La commission des Trente, qui nous prépare en ce moment la réforme de la loi électorale qui nous régit encore, se l'est-elle posée ?

Non.

Ce que devaient faire et ce que n'ont pas fait les constituants de 1848,

Ce que devait faire et ce que n'a pas fait la commission des Trente,

Essayons donc de le faire, tandis qu'il en est temps encore, et poussons la Chambre actuelle à se poser et à nous donner la solution de cette question : QU'EST-CE QUE LA NATION ?

Après avoir ouvert le testament politique de nos pères en 1789, ouvrons, si vous le voulez bien, la constitution républicaine que nous ont léguée les constituants de 1848.

En 1789, nos pères avaient proclamé, article 4 de la déclaration des droits de l'homme :

« La souveraineté *réside dans la nation.* »

En 1848, les constituants ont dit, à l'article 1er de la constitution :

« La souveraineté *réside dans l'universalité des citoyens français.* »

Ces deux affirmations du principe de la souveraineté nationale ont-elles une égale portée? Non, mille fois non, et je n'hésite pas à dire que c'est parce que la définition donnée du principe de la souveraineté nationale par les constituants de 1848 est restrictive et limitative du principe formulé dans la déclaration des droits de l'homme, que nous avons un suffrage menteur, non universel, anti-national, destructeur de l'ordre, de la famille, de la religion, de la propriété, des arts, des sciences, des lettres, de la liberté enfin, et qui renferme dans son sein le principe du césarisme.

Et j'ajouterai que c'est parce qu'en vérité ce suffrage menteur et anti-national est la base du césarisme, que les droites comme les gauches de l'Assemblée actuelle se défient avec raison d'un appel au peuple, car l'appel au peuple, avec ce suffrage menteur, limité, restreint, c'est le césarisme en perspective et la liberté enchaînée.

II

Je viens de poser face à face les deux définitions du principe de la souveraineté qui ont été formulées, la première dans la déclaration des droits de l'homme, la seconde dans l'article 1er de la constitution de 1848; commentons donc ces deux définitions et faisons-en, sans plus tarder, ressortir les conséquences.

La déclaration des droits de l'homme a dit :

« Le principe de la souveraineté réside dans la nation. »

Qu'est-ce donc que la nation?

Si j'ouvre les dictionnaires de Bescherelle ou de Littré, si j'interroge les penseurs et les publicistes de tous les temps, si j'interroge surtout la conscience publique, partout je trouve que le mot nation désigne *un corps moral composé de tous les êtres ou individus qui vivent sous les mêmes lois, en communauté de mœurs, de langage, dans une certaine circonscription de territoire.*

Aussi, quand on dit, par exemple, la nation anglaise, la nation française, la nation italienne, la nation allemande, la nation russe, la nation chinoise, il saute aux yeux de tout le monde que les éléments constitutifs de ces diverses nations se composent de l'agglomération de TOUS les individus — hommes, femmes, vieillards, enfants, riches et pauvres, savants et ignorants, valides et invalides — qui vivent sur le même territoire, sous les mêmes lois, avec les mêmes mœurs, et parlant la même langue, qu'on appelle *la langue nationale*.

Si donc — et je défie bien qu'on puisse contester cette vérité — une nation se compose de TOUS ces éléments : hommes, femmes, enfants, vieillards, savants et ignorants, riches et pauvres, valides et invalides, il est bien manifeste que nos pères de 1789, en édictant que le principe de la souveraineté réside dans la nation, ont voulu dire que cette souveraineté devait être l'exact reflet de la pensée de tous ces éléments qui constituent une nation.

Les constituants de 1848 ont-ils eu cette largeur de vue, cette ampleur d'idées de nos pères de 1789 ? Il suffit de se reporter à l'article 1ᵉʳ de la constitution qu'ils ont élaborée pour démontrer qu'ils n'ont pas compris le premier mot de la pensée républicaine de ces derniers.

Qu'ont-ils dit, qu'ont-ils proclamé, qu'ont-ils affirmé dans leur constitution de 1848 ? Ils ont dit, ils ont proclamé, ils ont affirmé, article 1ᵉʳ :

« La souveraineté réside *dans l'universalité des citoyens français.* »

L'universalité des citoyens français, est-ce donc la nation ?

On pourrait le croire, au premier abord ; mais, pour quiconque sonde les intentions de nos constituants de 1848, il est bien manifeste que telle n'a pas été leur pensée. En effet, si nous nous reportons à l'article 14 de cette même constitution, nous voyons *qu'ils ont limité le droit de citoyens, le droit de vote à tous les individus* MALES *âgés de 21 ans*, d'où il suit que sont hors de cette grande nation dans laquelle nos pères avaient placé le principe de la souveraineté :

1° La moitié de la nation, les femmes ;

2° Tous les enfants âgés de moins de 21 ans.

Et cependant, avec cette élimination de ces deux éléments constitutifs de la nation, sans lesquels nulle nation ne saurait exister, on se demande par quelle aberration d'esprit les constituants de 1848 ont pu édicter cette déclaration qu'ils ont formulée au troisième paragraphe de l'article 1er de leur constitution :

« Aucun individu, aucune fraction du peuple ne peut s'attribuer l'exercice de la souveraineté !... »

Quoi, messieurs les constituants de 1848, vous ne voulez pas qu'aucun individu, qu'aucune fraction du peuple s'attribue l'exercice de la souveraineté, et vous déclarez, dans le même article dans lequel vous avez formulé cette prohibition, que l'exercice de la souveraineté n'appartiendra qu'aux citoyens mâles âgé de 21 ans, et vous divisez la nation, c'est-à-dire le peuple, en deux parts, et, vous tournant du côté de la partie barbue, vous dites :

Toi seul, homme, tu es la nation ;

Toi, femme, tu n'es pas de la nation ;

Toi seul, homme, tu es le maître ;

Toi, femme, tu es l'eclave de l'homme, sa servante;

Toi seul, homme, tu es une personne ;

Toi, femme, tu es une chose, moins qu'une chose : *res nullius !*

Reportons-nous un peu à ce qu'était légalement la femme avant le christianisme, dans l'ancien droit romain. Vous vous le rappelez : à cette triste époque, la femme n'était pas une personne, mais une chose ; elle ne s'appartenait ni corps ni bien; fille ou épouse, la femme était toujours en puissance de maître : fille, elle dépendait de son père; épouse, elle dépendait de son mari, qui, l'un et l'autre, avaient sur elle droit de vie et de mort.

Or, croyez-vous, en conscience, que la théorie républicaine des constituants de 1848 ait fait à la femme, dans notre nation française du dix-neuvième siècle, une position plus enviable?

Leur conclusion envers elle est celle-ci :

Tu es hors la nation! Tu ne comptes pas, et tu ne comptes pas parce que tu n'es rien! Donc, abaissement de la femme, telle est la conséquence forcée de la déclaration des prétendus principes formulés par les constituants de 1848.

Avais-je donc raison de dire, au début de cet article, que les constitants de 1848 n'ont pas compris la portée de la déclaration édictée par nos pères de 1789, proclamant que la souveraineté réside dans la nation, et que c'est parce qu'ils n'ont pas compris la portée de ce mot : *la nation*, qu'ils ne nous ont donné qu'un suffrage restreint au lieu du suffrage universel, qu'ils avaient la mission de constituer.

Donc, premier chef d'accusation : le suffrage uni-

versel, tel que l'ont établi les constituants de 1848,
est un mensonge; il n'est pas universel, c'est-à-dire
qu'il ne s'étend pas à l'universalité des individus qui
composent la nation.

III

Je viens de démontrer mathématiquement que le
suffrage universel dont les constituants de 1848 s'at-
tribuent la paternité n'était qu'un suffrage restreint,
puisque son exercice en était limité aux seuls citoyens mâles âgés de 21 ans.

Arrivons au second chef d'accusation que nous ne
craignons pas de porter contre ce suffrage, et prouvons que cé prétendu suffrage universel *est un permanent attentat contre le principe fondamental
des sociétés, la famille, dont il a détruit l'unité
et la majesté.*

Cette seconde thèse, que je me propose de déve-
lopper, répondra, en même temps, aux appréhen-
sions et à la malignité de ceux qui seraient tentés de
croire que je vais sottement réclamer la réalisation
de cette utopie : le vote des femmes.

Je dis donc, et je me plais à renouveler mon accusation : le suffrage universel, tel que l'ont organisé
les constituants de 1848, est non seulement un suffrage menteur, puisqu'il n'attribue le droit de vote
qu'à une portion de la nation, les hommes, et qu'il
le refuse à l'autre portion de la nation, les femmes;
mais ce prétendu suffrage universel est encore un
permanent attentat au principe fondamental des
sociétés, la famille, dont il a détruit l'unité et la
majesté.

Si mon premier chef d'accusation contre le suffrage universel était grave, bien plus grave encore est mon second.

Et cependant, si je n'hésite pas à porter contre notre suffrage électoral en vigueur cette accusation capitale, c'est que ma conscience et ma raison me disent : « Tu es au cœur de la question, frappe; car ton accusation est, en tout point, fondée; frappe, car la famille détruite, c'est la société, c'est la nation détruites; frappe, car l'autorité paternelle démolie, c'est le désordre partout, c'est la guerre civile en permanence. »

Qu'est-ce donc que la famille?

Législateurs de 1848, vous êtes-vous posé cette question ?

Pour définir ce que c'est que la famille, je ne veux recourir qu'au témoignage de ceux dont les plus ardents défenseurs de l'idée républicaine respectent les opinions : c'est à Victor Hugo, c'est à Jules Simon, c'est à Proudhon que je m'adresserai, et voilà, sur ce grave sujet, ce que je découvre dans leurs œuvres :

« La famille est une unité ; c'est un père, une mère et des enfants réunis dans cette trinité : *un seul devoir*, *un seul intérêt*, *un seul cœur*, *voilà ce que c'est que la famille.* »

(J. SIMON, *la Famille*, ch. I.)

« Pour former une famille, pour que l'homme et la femme y trouvent la joie et le calme auxquels ils aspirent, et sans lesquels ils ne seront jamais unis, il leur faut une foi conjugale. La famille doit être *une unité.* »

(P.-J. PROUDHON, *de la Justice.*)

Écoutons V. Hugo :

« Il peut souvent être utile, être nécessaire, être bon de dissoudre une société quand elle est mauvaise, ou bien trop vieille, ou mal venue; il n'est jamais utile, ni nécessaire, ni bon de mettre en poussière la famille. Quand vous décomposez une société, ce que vous trouvez pour dernier résidu, ce n'est pas l'individu, c'est la famille.

« La famille est le cristal de la société. »

(V. Hugo, *Littérature et Philosophie mêlées.*)

Je pourrais multiplier à l'infini les citations. Les législateurs, les philosophes, les moralistes de tous les temps ne sont, sur ce sujet, que les reflets de la conscience publique : la famille est une unité; la famille est le cristal de la société, elle en est la base, elle en est l'élément indissoluble. La société peut se dissoudre; la famille, non.

De cet être moral, un, indissoluble, qui s'appelle la famille, quel est le chef ?

Ecoutons encore Jules Simon :

« La loi de tous les peuples fait du mari le chef de la famille, et la loi a bien raison. D'abord, il faut que tous les intérêts de la famille soient communs à tous ses membres; il faut donc qu'ils soient soumis à une seule volonté. *Il ne peut pas être question de transformer la famille en assemblée délibérante,* où les voix ne pourraient jamais être départagées. Le premier intérêt de la femme, le premier intérêt de la famille, le premier intérêt de l'État, c'est que la famille soit *une*, et pour qu'elle soit une, il faut, entre autres conditions, qu'elle ait un chef. Il est bien clair que ce chef c'est l'homme. »

(J. Simon, *la Famille*, ch. i.)

Ainsi, voilà qui est bien certain, et la conscience universelle le proclame :

La famille est une unité; il faut qu'elle soit, qu'elle reste une unité ;

Et le chef de la famille, c'est le mari, c'est le père, c'est l'homme.

Ces principes posés, examinons ce qu'ont fait de cette unité qu'on appelle la famille, de ce chef qui est le mari, qui est le père, nos constituants de 1848.

Ce qu'ils en ont fait, le voici.

Ils ont dit au fils de famille de 21 ans : « Désormais, tu es l'égal de ton père ; secoue le joug de l'autorité paternelle, je t'en donne les moyens ; je te fais électeur au même titre que lui, et s'il te plait de dire oui quand il dira non, et de dire non quand il dira oui, tu es libre, je t'affranchis de sa tutelle, je te délivre de son autorité, et malheur à lui s'il se permettait d'user envers toi de cette autorité paternelle que je brise entre ses mains ! »

Ah ! monsieur Jules Simon, c'est vous, à cette heure, que je prends à partie ; car, dans ce même ouvrage que vous avez écrit sur *la Famille*, et dans lequel vous avez catégoriquement démontré que la famille était une unité ; que le chef, le seul chef de cette unité, c'était le père, vous avez ajouté :

« Toute doctrine qui, sous prétexte de liberté, désarmera le père et affranchira l'enfant, aura pour effet de détruire la liberté de l'un et de l'autre. »

Car vous avez ajouté encore, pour que vos lecteurs ne puissent se méprendre sur votre pensée :

« C'est un axiôme de la science politique qu'il faut rendre l'autorité toute puissante dans la famille, afin qu'elle devienne moins nécessaire dans l'Etat. *Sous ce rapport nos grandes Assemblées républicaines se sont trompées en diminuant la puissance maritale et la puissance paternelle.* »

Eh bien, vous avez été pendant près de trois ans ministre de la République ; pendant dix-huit ans vous avez été un des chefs de l'opposition sous le gouvernement impérial; chaque jour les esprits se préoccupaient de cette importante question de la réforme de la loi électorale de 1848, et, soit comme député, soit comme ministre, vous n'avez pas élevé une seule fois la voix pour protester contre cette faute capitale commise par les constituants de 1848, qui ont sapé par sa base cette puissance paternelle qui, de votre aveu, doit être rendue toute puissante dans la famille.

Voyons, en effet, les déplorables conséquences de cette loi qui permet aux fils de 21 ans de voter contre leur père.

S'agit-il d'une famille composée du père, de la mère et d'un fils de 21 ans? La voix du fils, qui ne représente que sa personnalité, annule la voix du père, qui représente sa personnalité à lui, celle de sa femme et de ses enfants âgés de moins de 21 ans, voir même celle de ses filles majeures.

Ce père a-t-il deux fils majeurs? Sa voix est plus qu'annulée par celles de ses deux enfants; ce sont ces derniers qui sont les souverains dans la famille; le père n'est plus rien dans la famille, ce sont les enfants qui dominent et gouvernent aussi bien leur père que leur mère et leurs sœurs, s'ils en ont.

Conçoit-on une théorie sociale plus immorale, plus destructive de la seule institution qui peut seule sauver la société? C'est l'anarchie introduite dans le foyer; et quand l'anarchie est au sein du foyer domestique, elle est forcément dans la société toute entière, puisque cette dernière n'est qu'une agglomération de familles.

Pourquoi donc, ô législateurs de 1848, n'avez-vous pas été conséquents avec vous-mêmes et décrété la réforme de l'article 148 du code civil qui veut que le fils, qui n'a pas atteint l'âge de 25 ans accomplis, ne puisse contracter mariage sans le consentement de ses père et mère.

Eh! quoi, je puis empêcher soit mon fils, soit ma fille de compromettre mon nom par une alliance qui me blesse, et je ne pourrai empêcher ces mêmes enfants de compromettre la société toute entière par un vote hostile à mes convictions politiques et sociales!

L'intérêt de l'Etat, c'est-à-dire de la collectivité des familles, est-il donc moins grand, moins sacré à vos yeux que l'intérêt de mon nom personnel, que l'intérêt de ma famille isolée?

IV

Et maintenant que nous avons démontré :

1° Que le suffrage limité aux seuls citoyens mâles âgés de 21 ans n'était pas universel puisqu'il excluait de la nation des éléments qui en font partie essentielle, et sans lesquels nulle société ne saurait exister, je veux dire les femmes, les filles majeures de 21 ans et les enfants ;

Et 2° que ce même suffrage, concédé uniquement aux citoyens mâles âgés de 21 ans, était un perpétuel attentat contre le principe fondamental des sociétés, la famille, dont il avait détruit l'unité ;

Revenons encore à ce principe formulé par nos pères et expliquons enfin ce que c'est que la nation, puisque, conformément à leur déclaration, la souveraineté réside dans la nation.

Lisons à cet effet les constitutions de tous les peuples, celles des peuples anciens, comme celles des peuples modernes ; interrogeons tous les jurisconsultes, ceux de l'antiquité comme ceux de nos jours ; ouvrons les ouvrages de tous les philosophes, de tous les moralistes, de tous les docteurs ; consultons les fondateurs ou les représentants de toutes les religions, des juifs, des chrétiens, des mahométans, des indous : tous unanimement nous disent et nous crient, avec Victor Hugo, avec Jules Simon, avec Proudhon, avec Louis Blanc, avec Gambetta, avec Thiers, avec Michelet, avec Quinet, avec Lamennais, avec Challemel-Lacour, comme avec les constituants de 93, comme avec les constituants de l'an III, comme avec les constituants de l'an VIII, comme avec les constituants de 1848 :

« *La famille est la base des nations.* »

« La famille est le pivot sur lequel roule l'économie sociale. »　　　　　　　　　　　　(CHATEAUBRIAND.)

« La famille est une unité. »　　　(J. SIMON.)

« La famille est le cristal des sociétés. »

　　　　　　　　　　　　　　　　(V. HUGO.)

« Les sociétés peuvent se dissoudre ; les familles, non. »

　　　　　　　　　　　　　　　　(V. HUGO.)

« La famille rend l'homme plus vertueux. »

　　　　　　　　　　　　　　(MONTESQUIEU.)

« Dieu a préparé dans son conseil éternel les premières familles, qui sont la source des nations. »

　　　　　　　　　　　　　　(MARIE-THÉRÈSE.)

« La famille est l'élément primitif des sociétés. Toute atteinte portée à son unité, à sa sainteté est une violation des lois naturelles, une révolte insensée contre le Créateur, une source de désordres et de maux sans nombre. »

　　　　　　　　　　　　　　(LAMENNAIS.)

Assez de citations : dans tous les temps, dans tous

les siècles, dans tous les lieux, partout harmonie complète sur le même sujet :

La famille est la base des nations.

Si donc la famille est la base, le principe, le fondement, la source des nations ; si elle en est l'élément primitif, indissoluble, vital, que devons-nous conclure ?

Ce que nous devons en conclure, c'est que les individus ne sont rien et que la famille est tout.

C'est qu'enfin la famille étant la base des nations, les nations se composent de familles et non pas d'individus.

C'est que, dès lors, pour avoir une exacte représentation nationale, pour avoir l'universalité de la nation représentée, il faut le vote par famille.

C'est que, pour trouver ce principe de la souveraineté qui est dans la nation, il faut le chercher dans cet unique pivot des nations, qui est la famille.

C'est qu'enfin, pour maintenir, ou plutôt pour rendre à la famille son unité, il faut restituer au chef de famille son autorité.

Donc, pour avoir une formule véridique, complète, harmonique de la constitution sociale, proclamer ceci :

« Article 1ᵉʳ. — La souveraineté réside dans la nation.

« Elle est inaliénable et imprescriptible.

« Aucun individu, aucune fraction du peuple ne peut s'en attribuer l'exercice.

« Article 2. — La famille étant la base des nations, sont électeurs, de plein droit, tous les chefs de famille âgés de 21 ans accomplis.

« Article 3. — En cas de décès ou d'interdiction du chef

de famille, le droit de vote appartient à sa veuve ou à sa femme.

« Article 4. — Les citoyens non mariés — hommes et femmes — sont électeurs, lorsqu'ils auront atteint l'âge de 25 ans accomplis.

« Article 5. — En cas de second mariage, le droit de vote de la femme cesse et passe à son mari.

« Article 6. — Sont éligibles, sans condition de cens ni de domicile, tous les électeurs mâles âgés de 30 ans accomplis.

« Article 7. — Nul ne peut être électeur s'il ne jouit de de ses droits civils et politiques.

« Article 8. — La loi électorale déterminera les causes qui peuvent priver un citoyen du droit d'élire et d'être élu. »

F. Jacob.